passado ainda está por v

O passado ainda está por vir
Déborah Danowski e
Eduardo Viveiros de Castro

© Déborah Danowski e Eduardo Viveiros de Castro
© n-1 edições, 2023
ISBN 978-65-81097-92-9

Embora adote a maioria dos usos editoriais do âmbito brasileiro, a n-1 edições não segue necessariamente as convenções das instituições normativas, pois considera a edição um trabalho de criação que deve interagir com a pluralidade de linguagens e a especificidade de cada obra publicada.

COORDENAÇÃO EDITORIAL Peter Pál Pelbart
e Ricardo Muniz Fernandes
DIREÇÃO DE ARTE Ricardo Muniz Fernandes
GESTÃO EDITORIAL Gabriel de Godoy
ASSISTÊNCIA EDITORIAL Inês Mendonça
PREPARAÇÃO Fernanda Mello
REVISÃO Flávio Taam
EDIÇÃO EM LaTeX Guilherme Araújo
CAPA Gabriel de Godoy

A reprodução parcial deste livro sem fins lucrativos, para uso privado ou coletivo, em qualquer meio impresso ou eletrônico, está autorizada, desde que citada a fonte. Se for necessária a reprodução na íntegra, solicita-se entrar em contato com os editores.

1ª edição | Novembro, 2023
n-1edicoes.org

passado ainda está por vir

Déborah Danowski
Eduardo Viveiros de Castro

n-1 edições

1

Quando as coisas começaram a dar errado? É difícil não nos colocarmos essa pergunta nos tempos que correm. Por "as coisas" nos referimos, é claro, a *"nous autres, civilisations"*, aquelas civilizações que "agora se sabem mortais", como lamentava Valéry em 1919, usando um plural para falar de um singular: a civilização europeia moderna, cujo futuro era objeto de sua profunda inquietação. Hoje é possível afirmar que esse singular se tornou, de modo ainda mais patente e inquietante, universal, a monocultura tecnoespiritual da espécie. Eis que essa forma singular (no duplo sentido do adjetivo) de civilização, que se viu durante muitos séculos como "a origem e o destino da história", acha-se possivelmente às portas de um destino (uma meta) não muito original, a autoextinção, causada pela metástase cancerosa de sua matriz tecnoeconômica e do imaginário cosmológico que a sustenta; em outras palavras, de sua cosmotécnica e sua cosmopolítica, no sentido de Yuk Hui.[1]

A origem e o destino da história é o título do célebre livro em que Karl Jaspers propõe o conceito de uma "Era Axial", a partir da qual a espécie começaria a ter não só uma história comum, mas também um destino único.[2] Jaspers se referia ao período entre os séculos 800 e 200 a. C., durante o qual a Eurásia viu surgirem Confúcio, Lao-Tsé, Buda, Zoroastro, os grandes profetas hebreus e os poetas, historiadores e filósofos gregos. *"O homem, tal como hoje o conhecemos, surgiu nessa época."*[3] Todas as culturas pré ou extra-axiais foram sendo absorvidas pelas culturas axiais, sob pena de desaparecerem. Jaspers parecia acreditar que, no século xx, os últimos povos "primitivos" caminhavam finalmente (e, no seu entender, felizmente) para a extinção.

1. Yuk Hui, 2017.
2. Jaspers, 1953 [1949].
3. Ibid., pp. 52, 61.

2

Não nos reconhecemos, dizia o autor, na humanidade pré-axial, antiga ou contemporânea; os grandes impérios arcaicos são para nós como outro planeta. "Estamos infinitamente mais próximos dos chineses e dos indianos do que dos egípcios e dos babilônios" – o que não impediu Jaspers de sublinhar uma "qualidade específica do Ocidente".[4] A Era Axial teria criado um "Nós" universal de direito que apenas na Modernidade tecnocientífica, inaugurada pelos "povos teuto-românicos", achou-se finalmente em condições de se transformar em um universal de fato, "o verdadeiro universal, a história planetária da humanidade".[5]

Robert Bellah, um dos historiadores da cultura que abraçaram a tese de Jaspers, sugere que "nós" estaríamos vivendo até hoje da herança deixada pela Era Axial:

> Tanto Jaspers como Momigliano dizem que os personagens da Era Axial – Confúcio, Buda, os profetas hebreus, os filósofos gregos – estão vivos para nós, são nossos contemporâneos de um modo que nenhum outro personagem anterior o é. Nosso mundo cultural e as grandes tradições, que ainda nos definem de tantas maneiras, todas se originam na Era Axial. Jaspers levanta a questão de decidir se a modernidade seria o começo de uma nova Era Axial, mas deixa a resposta em aberto. Seja como for, embora tenhamos sofisticado enormemente as ideias axiais, nós não as superamos, pelo menos não ainda.[6]

As páginas que seguem exprimem nossa suspeita de que as palavras finais dessa reflexão – "nós não as superamos, pelo menos não ainda" – podem estar fatalmente erradas, ou melhor, só podem ser consideradas como verdadeiras se interpretadas em um sentido pessimista, na medida em que parecem justificar a advertência de Latour:

---

4. Ibid., p. 52.
5. Ibid., p. 61.
6. Bellah, 2005, p. 73.

"[N]ão há crime intelectual maior do que enfrentar os desafios do presente com equipamentos feitos para uma época mais antiga".[7]

3 Para fins de argumentação, aceitemos a tese reconhecidamente controversa da consistência histórica de uma "Era Axial", ou pelo menos de seu valor tipológico.[8] A conjectura que apresentamos aos leitores é a seguinte: o advento e a popularização do conceito de Antropoceno, a partir da primeira década deste século, revelaram a obsolescência terminal do repertório teológico-filosófico legado pela Era Axial – pelas mesmas razões que fizeram com que a Era Axial tenha sido, como observou sagazmente Szerszynski,[9] um "prenúncio" decisivo da época do Antropoceno (que, como se sabe, teve início bem antes de receber um nome). Em outras palavras, se a *época* do Antropoceno teve entre suas condições de possibilidade as mutações culturais ocorridas na Eurásia há cerca de três milênios, o *conceito* de Antropoceno, por nomear um "fato cosmopolítico total" (no sentido do "fato social total" de Mauss) – uma catástrofe ecológica, uma tragédia econômica, uma ameaça política, uma convulsão religiosa –, indica a dificuldade profunda de nosso repertório axial em pensar a época que essas mutações (por assim dizer) prepararam. A história "realmente universal" de Jaspers (uma universalidade exclusivamente humana, registre-se) tornou-se a "história universal *negativa*" do Antropoceno, época cujo nome se refere, em última análise, àquele "Homem, tal como o conhecemos hoje".[10] O *ánthrōpos* do Antropoceno é o personagem que surge na Era Axial.

7. Latour, 2020b [2004], p. 182.
8. Ver a excelente resenha crítica de Boy e Torpey, 2013.
9. Szerszynski, 2016.
10. Chakrabarty, 2013 [2009], p. 22.

Portanto, talvez seja necessário recuar bem mais do que o usual nas teorias sobre as causas e condições do Antropoceno, indo à fronteira entre a revolução axial e os mundos que a precederam – muitos dos quais, aliás, insistem em existir em diversas partes do planeta, a despeito de serem cada vez mais assediados pelos autodesignados emissários do *ánthrōpos*. Embora as causas materiais imediatas do Antropoceno tenham emergido muito mais recentemente – resumamo-las na expressão "capitalismo fóssil" –, a configuração antropológica gestada na Era Axial está no centro das condições intelectuais de possibilidade (condições subjetivas ou, se quisermos, espirituais) daquelas condições objetivas, e em particular da convicção da necessidade "destinal" destas últimas.[11]

4 Não há espaço aqui para uma revisão de todas as características do que muitos historiadores chamaram de "ruptura axial" – entre as quais estaria a própria ideia de uma ruptura, um rompimento radical com o passado, em suma, o germe da ideia moderna da Revolução (e, naturalmente, de nossa própria sugestão quanto à obsolescência da herança axial). Destaquemos algumas das expressões que definiriam "o impulso subjacente comum a todos os movimentos 'axiais'":[12] "o passo em direção à universalidade"; "a libertação e a redenção do que há de especificamente humano no homem" (Jaspers); "a idade da transcendência"; "um questionamento crítico, reflexivo da

---

11. A ideia de retroceder 3 mil anos para recuperar as condições subjetivas do Antropoceno tem alguns antecedentes ilustres. Pensemos na *Dialética do esclarecimento*, em que os autores (Horkheimer e Adorno) decidem ir além da crítica da dominação social capitalista para se dedicarem a uma crítica trans-histórica da razão instrumental (Ulisses como o primeiro burguês!). Isso para não mencionarmos Nietzsche e sua arqueologia da verdade como valor, a desconstrução do equivalente helênico da "distinção mosaica" que Jan Assmann encontra nos monoteísmos abraâmicos. Ver Assmann, 2013.
12. Schwartz, 1975, p. 3.

realidade e uma nova visão do que há além" (Schwartz); "a era da crítica" (A. Momigliano); "a descoberta ou invenção de um novo ponto de vista, a partir do qual a ordem do cosmos ou da sociedade pode ser criticada ou denunciada" (C. Taylor); os "sistemas de normas que perdem sua validade quase-natural" (Habermas); "um salto no ser"; "a desintegração da experiência compacta do cosmos" (E. Voegelin); a emergência do "pensamento de segunda ordem" (Y. Elkana); "uma cultura teórica, analítica" (M. Donald, R. Bellah); "a negação da autoridade mítica" (S. Eisenstadt); o "poder da negação e da exclusão"; "a energia antagonística" das "contrarreligiões" axiais (J. Assmann); a "passagem da imanência à transcendência" (M. Gauchet); a "transcendência semiótica"; o "reconhecimento do simbólico como simbólico" (D. Jung). E, finalmente, mas não menos importante, recordemos "o progresso na intelectualidade" que Freud, na sequência de Kant, viu no monoteísmo iconoclasta judaico, e o famoso "desencantamento do mundo" de Weber, que Gauchet e Taylor fizeram retroceder à Era Axial e ao advento das contrarreligiões da transcendência, vistas como etapas necessárias no processo de secularização das culturas humanas.

5 Não é difícil notar que essas definições se parecem bastante com a imagem que a Modernidade fez de si mesma. Ainda que tingidas de maior ou menor ambivalência (particularmente marcada em Assmann e sua teoria da distinção mosaica), elas são essencialmente positivas, identificando na Era Axial o passo inicial decisivo na longa marcha em direção a uma *emancipação* – a palavra de ordem dos Modernos – da humanidade em relação a uma condição primitiva de imanência mágica, marcada por uma relação fusional com o cosmos, por um monismo narcisista e antropomórfico, pela sujeição ao passado, pelo

congelamento mítico da ordem social. Uma condição de ignorância, em suma, senão de denegação estrutural, do potencial infinito de autodeterminação da espécie, tanto no que concerne às suas instituições sociopolíticas como a sua capacidade tecnológica de negação do "dado" natural. O *parti pris* evolucionista da maioria dos autores é evidente, e o pressuposto da irreversibilidade da "ruptura" é praticamente unânime. Talvez também não seja coincidência que vários "axialistas" importantes mostrem uma orientação política e teórica mais à direita do que à esquerda.[13]

6 O Grande Atrator dessa constelação ideológica é, naturalmente, a *"transcendência"*, ideia que contrainventa o próprio antípoda, a "imanência". Como se sabe, o conceito de transcendência está no centro da filosofia existencial de Jaspers, mas é mobilizado em sentidos menos específicos na maioria das referências de outros autores à Era Axial. A invenção da transcendência é geralmente definida como a instauração de uma disjunção hierárquica entre uma ordem extramundana e outra mundana – e a consequente emergência de um dualismo ontológico que marcará todo o pensamento pós-axial. Ela seria o resultado de uma conjunção, em meados do primeiro milênio A. C., de tensões e conflitos políticos e culturais que suscitaram uma relativização ansiosa da ordem mundana em todos os seus aspectos. Por sua vez, isso estimulou a elaboração de uma metalinguagem conceitual (reflexividade crítica, pensamento de segunda ordem) e impeliu à busca compensatória de um fundamento absoluto e de um

---

13. Note-se, entretanto, que a celebração da liberdade como um atributo diacrítico da espécie, signo de seu estado de exceção ontológico, está presente em todo o espectro político, inclusive, por exemplo, entre os teóricos contemporâneos da "hipótese comunista".

horizonte salvacional localizados ambos no plano extramundano. Aquilo que marcaria a história humana a partir da Era Axial seria então o surgimento da transcendência como uma dimensão "suprassensível" e/ou "inteligível", abrigando uma Verdade mais alta, inaparente, de essência pessoal (o Deus das religiões abraâmicas) ou impessoal (o Ser parmenidiano, a Natureza moderna). Em algumas versões da revolução axial, a transcendência veio assumir a forma e a ordem do tempo – como no caso do cristianismo e de seus muitos herdeiros filosóficos modernos – a ponto de o espaço ser visto como a dimensão pagã (e portanto inverídica) por excelência: "a verdade do espaço é o tempo" (Hegel).[14] Não é de espantar que essa negligência metafísica da espacialidade viesse a ter consequências para a presente mistura de impotência e indiferença diante do Antropoceno, isto é, de nossa aparente incapacidade de passar da "verdade *do* espaço" para a verdade *no* espaço. Mas estamos nos antecipando.[15]

7   O estudo histórico recém-publicado de Alan Strathern, *Unearthly Powers*, toma como ponto de partida a dicotomia, explicitamente derivada da literatura axialista, entre duas formas de religiosidade, que ele chama "imanentismo" e "transcendentalismo".[16] O problema específico desse sólido trabalho não nos ocupará aqui, a saber, a interação entre os fatores políticos e religiosos que levaram à expansão mundial de algumas grandes religiões

---

14. Citado em Vítor Westhelle, 2012, xiii. O tempo das culturas "axiais", deve-se notar, é concebido de acordo com um esquema linear e orientado para o futuro (terrestre ou supraterrestre), enquanto a espacialidade "pagã" estaria associada à temporalidade cíclica primitiva (portanto, temporalmente defasada). Ver o ensaio clássico de Karl Löwith, 1949; e o estudo altamente original de Westhelle.
15. Sobre o conceito de negligência, ver o comentário de Latour a uma passagem de Michel Serres em Latour, 2020a, p. 243.
16. Strathern, 2019.

transcendentalistas (cristianismo, islã, budismo), mas sua abordagem dos conceitos de transcendência e imanência foi uma das inspirações para o presente texto.

Strathern propõe três teses principais para sustentar as análises históricas que desenvolve em *Unearthly Powers*. Primeiramente, em uma tomada de posição que poderíamos chamar de "naturalista", o autor defende que o imanentismo é o modo religioso padrão, resultante de certos "traços da cognição humana selecionados evolutivamente".[17] Ele seria assim parte da *cultura natural* da espécie, o momento "ontoteológico" da *pensée sauvage*. O imanentismo seria, portanto, ele próprio originalmente imanente, pelo menos até ter sido reapropriado de modo reflexivo por certas tradições filosóficas e políticas contra-axiais contemporâneas. Em segundo lugar, o transcendentalismo, devido ao seu caráter paradoxal de negação da vida (como diria Nietzsche), em contradição com o metabolismo basal da mente humana (como dirá Strathern), sempre só se manifestou em uma síntese instável com o imanentismo, obrigado a, com este, estabelecer compromissos. A síntese se deu de várias formas nas religiosidades pós-axiais; suscitou, por exemplo, a emergência de diferentes categorias de mediadores entre as ordens mundana e extramundana, figuras ontologicamente ambíguas ou híbridas: profetas, sacerdotes, ascetas, filósofos, messias. O dogma fundacional do cristianismo é uma das respostas a essa necessidade de uma ponte: a encarnação terrena e sofredora de Deus ou *Logos*, a imanentização radical da transcendência suprema. A tese da síntese instável retoma a ideia de Eisenstadt de que a Era Axial instaura uma "tensão insolúvel" entre a transcendência afirmada (revelada,

---

17. Ibid., p. 4.

anunciada) e a persistência obstinada da imanência mundana, substrato imóvel da trajetória espaço-temporal da humanidade enquanto espécie viva. Por fim, se bem compreendemos o argumento de Strathern, o sucesso mundial de uma forma de religiosidade tão "antinatural" como o transcendentalismo se deve à sua captura por um fenômeno histórico de origem independente, o Estado, ao facilitar a comensurabilidade entre a verdade religiosa e o poder político como instância separada do *socius* – uma comensurabilidade especialmente patente na afinidade eletiva (as "associações intrigantes") entre monoteísmo e império.[18] A homologia buscada entre estruturas da transcendência e instituições políticas do mundo sublunar, entretanto, não se reduz ao mundo pré-moderno: pensemos na "cosmópolis" do século XVII analisada por S. Toulmin, em que as leis newtonianas da Natureza e os princípios do Estado-nação absolutista se justificam e legitimam reciprocamente.[19]

8

Para Jaspers e a maioria dos "axialistas" (certamente não para Strathern), a invenção da transcendência e tudo o que se seguiu são partes de um progresso necessário da espécie, é o desdobrar das potencialidades que a distinguem dentro da natureza geral. Entretanto todos convergem na constatação, retomada em *Unearthly Powers*, de que não há um avanço linear contínuo da imanência originária para a transcendência final (ou terminal), mas que a história pós-axial possui um ritmo alternante, na medida em que os ímpetos inovadores do transcendentalismo são aos poucos neutralizados pela inércia imanentista, em uma espécie de rotinização entrópica do carisma – as conhecidas recaídas na idolatria, no ritualismo e na superstição, o paganismo atávico

---

18. Ibid., p. 132.
19. Toulmin, 1990.

das classes populares etc. –, e requerem esforços periódicos de reforma, ascese e purificação, a velha ideia de começar de novo. (Isto significaria que o esquema transcendentalista da flecha do tempo está historicamente submetido à ideia imanentista do ciclo do tempo?)[20]

9. Na Modernidade, a dialética entre transcendência e imanência desencadeada pelo paradigma axial tomou a forma canônica da distinção entre Natureza e Cultura (ou Sociedade), cuja notória instabilidade ficou cada vez mais insustentável à medida que as implicações cosmopolíticas "totais" do Antropoceno foram emergindo. Essa instabilidade se mostrava em particular na alternância contraditória dos predicados de transcendência e imanência entre as ordens da Natureza e da Cultura, como Latour mostrou em *Jamais fomos modernos*.[21] Ora a Cultura era o novo nome da transcendência humana (a alma de origem divina modernizada e interiorizada como razão prática ou como a ordem do simbólico) e a Natureza o de sua imanência (a animalidade congênita da espécie, do plano instintual ao cognitivo), ora a Cultura era o domínio da imanência (a abertura ao mundo, a história como história da liberdade, o heroísmo da negação do Dado) e a Natureza o da transcendência (exterioridade e intangibilidade da legalidade física, a história como evolução mecânica do cosmos). Os significados das noções de transcendência e imanência são, além disso, permutáveis entre si – na caracterização acima, poderíamos tê-los associado de modo invertido –, conforme se enfatize a imanência *primária* da Cultura à Natureza, a qual assume então o manto supremo da transcendência (uma posição

---

20. Gould, 1987.
21. Latour, 1994.

neotranscendentalista, como a de Strathern sobre a religiosidade imanentista),²² ou a imanência *secundária* da Natureza à Cultura, a qual se torna potência para-transcendente de doação de sentido à realidade (uma posição neoimanentista). Isso se dá pela frequente ambiguidade no uso desse par de conceitos, conforme se associe a transcendência à exterioridade objetiva e a imanência à interioridade subjetiva, ou, como era o caso mais antigamente, a primeira a uma dimensão espiritual extramundana e a segunda à ordem corporal mundana.²³ Qualificamos como "primária" a subsunção da Cultura pela Natureza e como "secundária" o inverso, porque, na Modernidade, o que os linguistas chamariam de polo "não marcado" da oposição é a Natureza – a Cultura sendo a sucessora secular diminuída da ordem extramundana da Graça, que no mundo pré-moderno englobava a ordem mundana (sem, no entanto, aboli-la). Essa inversão em relação aos regimes axiais pré-modernos é explicada pelo fenômeno da "secularização" ou "desencantamento" do mundo.

10 As sínteses do período pré-axial perderam seu equilíbrio, já muito relativo, com a *translatio imperii*, que instaurou a soberania do polo da Natureza e seu domínio eminente sobre a ordem da Cultura; as reações socioconstrutivistas tardias a essa reviravolta não conseguiram mobilizar os corações e mentes dos modernos.²⁴ O caráter transcendente da ordem extramundana ("religiosa") foi absorvido pela ordem mundana ("científica"), criando

---

22. Em *Unearthly Powers*, Strathern observa que alguns valores centrais da religiosidade imanentista – riqueza, fertilidade, consumo, sucesso mundano etc. – também são dominantes na sociedade moderna secularizada (op. cit., p. 37). No entanto a cultura científica que ele pressupõe em sua análise é, sob importantes aspectos epistemológicos, precisamente "não secular", pois se refere a uma ideia de natureza que é herdeira direta do monoteísmo transcendentalista cristão.

23. Cf. Levy Bryant, 2011, pp. 1-2.

24. Latour, 2020a, p. 281.

a Natureza moderna como domínio ontológico absoluto, "exterior, unificado, desanimado, indiscutível".[25] Os antigos valores sobrenaturais foram confiscados por essa nova e verdadeira "Super-Natureza". O gesto fundamental da Modernidade, assim, é o transbordamento da distinção mosaica de Assmann, da transcendência para a imanência – uma imanência que, assim, perdeu completamente as características que possuía nos mundos extra-axiais, a saber, a "experiência compacta do cosmos" (Voegelin), o universalismo democrático (Strathern), o desprezo pela intolerância monoteísta (que mais tarde se transformou na intolerância mononaturalista dos modernos), o ceticismo pragmático face às certezas "mosaicas" (Assmann) e às dicotomias consagradas pelo anúncio da transcendência – entre corpo e espírito, sujeito e objeto, humano e extra-humano, pessoas e coisas. Essa primeira imanentização da transcendência, iniciada no século XVII, a era da "Busca da Certeza",[26] em reação às sucessivas crises daquela síntese instável (o imanentismo e o ceticismo do Renascimento, Copérnico e Galileu, as guerras de religião), irá se manifestar de maneira diferente nos séculos seguintes, dessa vez transbordando do domínio da Natureza para o da Cultura – para diversas tendências da filosofia, da teoria política e das formas de religiosidade.[27] Por outro lado, e crucialmente, a imanentização da transcendência como Natureza desterritorializou metafisicamente a Cultura (que perdeu seu lastro religioso e se tornou uma espécie de domínio flutuante), provocando a liberação ou "desinibição"[28] de

---

25. Ibid., p. 282.
26. Toulmin, op. cit.
27. Como Günther Anders observou em *Le temps de la fin* (1972 [2007]), a desilusão que acompanhou o gesto inaugural da Modernidade, a saber, o colapso da imagem geocêntrica, "deve ter sido desagradável, mas não foi fatal", porque foi compensada por uma nova dignidade antropológica: a absolutização da própria história.
28. Fressoz, 2012, citado por Latour, 2020a, pp. 27, 302.

forças socioculturais poderosas que, precisamente porque são "naturais" no sentido de ontologicamente contínuas com o meio material sobre o qual se aplicam (o ciclo de energia da Terra, a biosfera), causaram o que foi chamado de Antropoceno.

11 A falência definitiva e, em mais de um sentido, "final" do ideologema moderno da Natureza e da Cultura assinala o esgotamento da herança *conceitual* da Era Axial. Estritamente falando, essa falência significa o fim de qualquer esperança na transcendência. Nenhum Deus virá nos salvar. Parecemos estar reduzidos a escolher entre uma imanentização definitiva da transcendência e uma transcendentalização reflexiva de nossa "velha matriz antropológica".[29] Esta última crê possível uma reanimação intensiva do cosmos local (a Terra) por meio de um reencantamento contra-axial necessariamente secundário e tateante: o fim da pré-história da humanidade, como diria Marx, com a mestria política da sociedade e a soberania técnica sobre o ambiente "natural". Esse dilema se complica ainda mais quando constatamos que o apelo de propostas de transcendentalização da imanência, como a teologia da sobriedade feliz – uma formulação especialmente respeitável[30] da necessidade de se converter a necessidade em virtude –, parece poder bem pouco diante do apelo "atávico" das reapropriações religiosas da imanentização da transcendência, como as teologias neopentecostais da prosperidade, ou, mais seriamente ainda, como a incontornável demanda de emancipação material por parte das massas despossuídas do planeta.[31]

---

29. Latour, 1994, p. 35.
30. Ver papa Francisco, 2015, Encíclica *Laudato Si'*, parágrafo 224.
31. As teologias da prosperidade, hoje muito populares e politicamente poderosas

12 Para concluir, retomemos a frase acima citada de Hegel: "a verdade do espaço é o tempo". Ela condensa todo o significado da filosofia da história que se originou na Era Axial e cujo fruto mais bem-sucedido no Ocidente foi o cristianismo e sua herança cultural difusa. Não é por acaso que ela reaparece quase literalmente em um documento programático do papa Francisco, um papa, não obstante, extremamente sensível à causa ("espacial" por definição) da Terra. Na exortação *Evangelii Gaudium*, Francisco estabelece quatro princípios que estariam na base de qualquer possibilidade de "paz, justiça e fraternidade". O primeiro é precisamente: "O tempo é maior que o espaço". O comentário que se segue exorta à paciência e adverte que

> Dar prioridade ao espaço leva-nos a proceder como loucos para resolver tudo no momento presente, para tentar tomar posse de todos os espaços de poder e autoafirmação. É cristalizar os processos e pretender pará-los. Dar prioridade ao tempo é ocupar-se mais com *iniciar processos* do que *possuir espaços*. O tempo ordena os espaços...[32]

Na encíclica *Laudato Si'*, documento de enorme significado ecopolítico, encontramos outra admoestação, desta vez acerca dos desvios que ameaçam até as mais bem intencionadas condenações do antropocentrismo: "Com efeito,

---

na América Latina (e em outros lugares), estão originalmente associadas ao chamado tele-evangelismo dos Estados Unidos. "A característica distintiva da teologia da prosperidade contemporânea é a qualidade milagrosa da bênção; o bem-estar material não é mero (...) subproduto de uma vida virtuosa, mas, *ipso facto*, o dom sobrenatural de Deus para os fiéis, não muito diferente de outros dons do Espírito, como a glossolalia ou a cura pela fé" (Garrard-Burnett, 2012, pp. 23-24). Quanto à exigência de emancipação material, diz Chakrabarty: "'A razão principal', escreve Hannes Bergthaller, (...) 'pela qual todas as curvas da 'Grande Aceleração' ainda apontam incansavelmente para cima (...) é a disseminação dos padrões de consumo da classe média em todo o mundo'". Essa é "a obrigação historicamente herdada para com as massas". Ver Latour e Chakrabarty, 2020, pp. 31, 36.
32. Papa Francisco, *Evangelii Gaudium*, parágrafo 223.

não se pode propor uma relação com o ambiente, prescindindo da relação com as outras pessoas e com Deus. Seria um individualismo romântico disfarçado de beleza ecológica e um *confinamento asfixiante na imanência*".[33]

A superioridade do tempo é, portanto, o que permite que o *ánthrōpos* se liberte da imanência, vista como uma prisão, um "confinamento". Apesar de seu admirável esforço para trazer a causa da Terra para o centro das preocupações dos fiéis, a "ecologia integral" de Francisco respeita o princípio doutrinário absoluto da relação salvífica entre temporalidade e extramundanidade, uma relação que extrai, parcial mas decisivamente, a espécie humana da imanência terrena e a distingue do resto da Criação.

Convém, portanto, reiterar aqui a preocupação de Latour acerca da contribuição desse privilégio unilateral do tempo, que encontramos nas filosofias da história, para a indiferença ou cegueira de *"nous autres, civilisations"* quanto ao desafio cosmopolítico do Antropoceno: "Poderá a cegueira desta civilização ser causada, em parte, pela própria ideia de 'termos' uma filosofia da história?".[34] E ele conclui, em um tom que diríamos mais desiderativo que constatativo:

> Tudo parece ter acontecido *como se a orientação no tempo fosse tão poderosa que bloqueasse qualquer chance de nos orientarmos no espaço*. É essa mudança profunda de um destino baseado na história para uma exploração daquilo que, por falta de palavra melhor, poderia ser chamado de geografia (ou antes, Gaiagrafia) que explica o caráter um tanto obsoleto de qualquer filosofia da história. *A historicidade foi absorvida pela espacialidade*; como se a filosofia da história tivesse sido subsumida por uma forma estranha de filosofia espacial – acompanhada por uma forma ainda mais estranha de geopolítica (ou antes, Gaiapolítica).[35]

---

33. Id., LS', parágrafo 119. Grifo nosso.
34. Latour e Chakrabarty, *op. cit.*, p. 4.
35. Ibid., p. 14, grifo nosso.

A hierarquia entre temporalidade e espacialidade estabelecida pela Era Axial e hipertranscendentalizada pela escatologia cristã infundida nas filosofias ocidentais da história (Karl Löwith sempre esteve certo...) vai sendo empiricamente contestada pelo fechamento extensivo (imperial) e intensivo (extrativista) da fronteira terrestre. Não é de surpreender, portanto, que, em termos cientificamente atualizados, o Antropoceno reencene uma "experiência compacta da Terra" (o cosmos local, a zona crítica, a simbiose generalizada enquanto verdade da Vida), e que isso exija uma "virada espacial" do pensamento. Assim, a Terra primordial dos povos pré-modernos e extra-axiais aparece como uma alternativa inesperada dentro do diferendo planetário proposto por Latour. A distinção entre seus planetas "Contemporaneidade" e "Terrestre"[36] é certamente uma diferença temporal, mas trata-se de uma temporalidade estranhamente circular, como se o autor estivesse dizendo: "O passado ainda está por vir". O planeta Contemporaneidade é a Terra autóctone, ancestral e primordial que sempre esteve lá, ou seja, aqui; é o "planeta bom o bastante" que a ação política deve ser capaz de recuperar do "planeta danificado" que nos foi legado pelos planetas anteriores.

Mencionamos a ação política. A perspectiva sugerida por G. Anders[37] do "apocalipse sem reino" como o impensável do Real – em contraste com a irrealidade perversa do "reino sem apocalipse" do capitalismo e a ficção piedosa do "apocalipse com reino" do cristianismo e de seus herdeiros utópicos – não implica uma solução quietista ou fatalista. O tempo do fim é o tempo do "fim do mundo", no sentido espacial e geográfico que o termo grego *eschaton* também tem[38] – é o limite da expansão do agenciamento cosmotécnico capitalista –, e o "fim dos tempos" é, hoje,

---

36. Latour e Chakrabarty, 2020, p 17.
37. Ver Anders 2007 e 2019.
38. Westhelle, 2012.

a crescente degradação das condições ecológicas, ou seja, das condições dadas no espaço terrestre; um fim interminável. O botão da guerra nuclear total de Anders já foi apertado, no sentido de que a catástrofe não está ainda por vir, mas já começou há várias décadas.

Não há mais espera, só o espaço. O *kairós* de Paul Tillich, o *Jetztzeit* de Walter Benjamin, não designariam o momento em que "o tempo se torna espaço"? O momento em que o tempo é suspenso, quando a história explode e entramos no espaço por meio da ação? O momento em que lutar pela Terra significa, antes de tudo, juntar-se à luta dos povos sem terra que foram e ainda são invadidos, dizimados e desapropriados pelos povos sem Terra, os "Humanos" de *Diante de Gaia*, o povo da Transcendência – nós, os Brancos, como tantos povos indígenas das Américas costumam nos chamar?

Terminemos, portanto, com as palavras do xamã, líder político e porta-voz dos Yanomami no Brasil, Davi Kopenawa: "O que os brancos chamam de futuro, para nós, é um céu protegido das fumaças de epidemia *xawara* e amarrado com firmeza acima de nós!".[39]

---

39. Kopenawa e Albert, 2015, p. 494.

Bibliografia

ANDERS, Günther. *Le temps de la fin*. Paris: L'Herne, 2007 [1972].

_____. "Apocalypse without Kingdom", *e-flux journal*, n. 97, 2019.

ASSMANN, Jan. *The Price of Monotheism*. Stanford: Stanford University Press, 2013.

BELLAH, Robert. "What is Axial about the Axial Age?", *European Journal of Sociology*, n. 46, v. 1, 2005, pp. 69-89.

BOY, John e TORPEY, John. "Inventing the Axial Age: The Origins and Uses of a Historical Concept", *Theory and Society*, n. 42, v. 3, pp. 241-59, 2013.

BRYANT, Levy. "A Logic of Multiplicities: Deleuze, Immanence, and Onticology", *Analecta Hermeneutica*, n. 3, 2011.

CHAKRABARTY, Dipesh. "O clima da história: quatro teses", *Sopro*, n. 91, pp. 3-22, 2013 [2009].

PAPA FRANCISCO. *Exortação Apostólica Evangelii Gaudium, do Santo Padre Francisco ao Episcopado, ao Clero, às pessoas consagradas e aos fiéis leigos sobre o Anúncio do Evangelho no mundo atual*, 2013.

_____. *Laudato Si'/ Louvado sejas: sobre o cuidado da casa comum*. São Paulo: Paulus e Loyola, 2015.

FRESSOZ, Jean-Baptiste. *L'Apocalypse joyeuse: Une histoire du risque technologique*. Paris: Seuil, 2012.

GARRARD-BURNETT, Virginia. "Neopentecostalism and Prosperity Theology in Latin America: A Religion for Late Capitalist Society", *Iberoamericana: Nordic Journal of Latin American and Caribbean Studies*, n. 42, pp. 1-2, 2012.

GOULD, Stephen Jay. *Time's Arrow, Time's Cycle: Myth and Metaphor in the Discovery of Geological Time*. Cambridge, Mass.: Harvard University Press, 1987.

HUI, Yuk. "Cosmotechnics as Cosmopolitics", *e-flux journal*, n. 86, 2017.

JASPERS, Karl. *The Origin and Goal of History*. New Haven e Londres: Yale University Press, 1953 [1949].

KOPENAWA, Davi e ALBERT, Bruce. *A queda do céu: palavras de um xamã yanomami*. São Paulo: Companhia das Letras, 2015 [2010].

LATOUR, Bruno. *Jamais fomos modernos: ensaio de antropologia simétrica*. Rio de Janeiro: Editora 34, 1994 [1991].

_____. *Diante de Gaia: oito conferências sobre a natureza no Antropoceno*. São Paulo: Ubu, 2020a [2017].

_____. "Por que a crítica perdeu a força? De questões de fato a questões de interesse", *O que nos faz pensar*, n. 29, v. 46, pp. 173-204, 2020b [2004].

LATOUR, Bruno e CHAKRABARTY, Dipesh. "Conflicts of Planetary Proportions – a Conversation", *Journal of the Philosophy of History*, n. 14, v. 3, pp. 419-454, 2020.

LÖWITH, Karl. *Meaning in History*. Chicago: University of Chicago Press, 1949.

SCHWARTZ, Benjamin. "The Age of Transcendence", *Daedalus*, n. 104, v. 2, 1975.

STRATHERN, Alan. *Unearthly Powers: Religious and Political Change in World History*. Cambridge: Cambridge University Press, 2019.

SZERSZYNSKI, Bronislaw. "From the Anthropocene Epoch to a New Axial Age: Using Theory-Fictions to Explore Geo-Spiritual Futures", in DEANE-DRUMMOND, C., BERGMANN, S. e VOGT, M. (orgs.). *Religion and the Anthropocene*. Oregon: Cascade Books, 2017, p. 37.

TOULMIN, Stephen. *Cosmopolis: The Hidden Agenda of Modernity*. Chicago: University of Chicago Press, 1990.

VALÉRY, Paul. *La crise de l'esprit*. Paris: NRF, 1919.

WESTHELLE, Vítor. *Eschatology and Space: The Lost Dimension of Theology Past and Present*. Nova York: Palgrave Macmillan, 2012.

Dados Internacionais de Catalogação na Publicação (CIP) de acordo com ISBD

D18p Danowski, Déborah

O passado ainda está por vir / Déborah Danowski, Eduardo Viveiros de Castro.

- São Paulo : n-1 edições, 2023.
27 p. ; 12cm x 17cm.

ISBN: 978-65-81097-92-9
1. Filosofia I. Castro, Eduardo Viveiros de. II. Título.

100
2023-3409

CDD

CDU 1

Elaborado por Vagner Rodolfo da Silva - CRB-8/9410

Índice para catálogo sistemático:
1. Filosofia 100
2. Filosofia 1

n-1
edições

O livro como imagem do mundo é de toda maneira uma ideia insípida. Na verdade não basta dizer Viva o múltiplo, grito de resto difícil de emitir. Nenhuma habilidade tipográfica, lexical ou mesmo sintática será suficiente para fazê-lo ouvir. É preciso fazer o múltiplo, não acrescentando sempre uma dimensão superior, mas, ao contrário, da maneira mais simples, com força de sobriedade, no nível das dimensões de que se dispõe, sempre n-1 (é somente assim que o uno faz parte do múltiplo, estando sempre subtraído dele). Subtrair o único da multiplicidade a ser constituída; escrever a n-1.

Gilles Deleuze e Félix Guattari

n-1edicoes.org

v. b362b97